EMMANUEL DES ESSARTS

DU GÉNIE DE CHATEAUBRIAND

DISCOURS D'OUVERTURE

Prononcé à la Faculté des Lettres de Clermont

(COURS DE LITTÉRATURE FRANÇAISE)

CLERMONT-FERRAND
TYPOGRAPHIE ET LITHOGRAPHIE MONT-LOUIS
Rue Barbançon, 2
1876

EMMANUEL DES ESSARTS

DU GÉNIE DE CHATEAUBRIAND

DISCOURS D'OUVERTURE

Prononcé à la Faculté des Lettres de Clermont

(COURS DE LITTÉRATURE FRANÇAISE)

CLERMONT-FERRAND
TYPOGRAPHIE ET LITHOGRAPHIE MONT-LOUIS
Rue Barbançon, 2
1876

DU GÉNIE DE CHATEAUBRIAND

Au commencement de cette année classique, dans ma première leçon de Littérature étrangère, je vous disais, à propos des troubadours maîtres des minnesinger : « Je ne saurais m'abstenir, quand je le rencontre dans l'histoire des lettres, de saisir le doux génie de notre chère France et de m'arrêter à son aspect dans une pieuse contemplation. » Or la clairvoyance de mes auditeurs ne pouvait s'y tromper : ces allusions fréquentes à nos grands écrivains, ces appels indirects mais pressants au génie national, tout trahissait chez moi comme un désir discret, limité par toute sorte de convenances et d'égards, mais constant, mais invincible : c'était de revenir un jour ou l'autre à cet enseignement de notre littérature, où j'avais du reste fait mes débuts. Mais ce jour qui devait remplir mon attente est arrivé plus tôt que je n'eusse osé l'augurer, trop tôt sans doute au gré du public privé d'un professeur aimé dont je ne dirai jamais tous les droits à votre sympathie, trop tôt également au gré des scrupules de mon cœur qui ne se contentait pas de garder à titre d'ami celui qu'il eût voulu retenir encore à titre de collègue.

Aucun de nous certainement, ni vous qui m'écoutez, ni moi qui vais porter la parole dans cette chaire où tant de fois s'est fait entendre mon prédécesseur, aucun de nous ne laissera s'éteindre le souvenir durable de l'enseignement de M. Hanriot, enseignement de littérature française qui fut lui-même essentiellement français, formé de savoir et d'esprit, de charme et d'expérience, de finesse et de bonhomie, de malice et de bonté, qui faisait penser même dans ses apparentes négligences à cette définition que Mathurin Régnier donnait de son talent :

« Les nonchalances sont ses plus grands artifices, »

et dont on pouvait dire qu'il était Attique par le goût, Gaulois par la bonne humeur, avant tout poli, sociable, humain par l'agrément qu'il suggérait et l'impression de doux contentement qu'il nous laissait chaque fois. M. Hanriot, dans sa jeunesse studieuse et curieuse à travers les vallons de la Grèce, avait vécu, on le voyait, dans la société des neuf Muses ;

mais une dixième Muse, qui est de tous les pays et de tous les âges, présidait toujours à ses leçons : vous l'avez nommée avant moi : c'était la Muse de la Sympathie !

Je suis, en ce qui me concerne, sous la réserve de ce souvenir et de ce regret, rendu désormais à l'enseignement de mes préférences, à mon office spécial de professeur et de lettré. Pour continuer l'image dont je me servais naguère, me voici rentré sur la terre natale : si bien qu'en présence de cette littérature maternelle qui m'est restituée, je puis, comme le voyageur que Béranger met en scène, je puis m'écrier aussi :

« Salut à ma Patrie ! »

Je viens aujourd'hui vous indiquer le sujet que je me suis proposé de traiter pendant ce semestre : j'ai pris pour objet de mon cours Châteaubriand étudié dans son influence et dans son génie, au milieu de son groupe littéraire. Certes, je n'ai point pour visée de vous faire embrasser durant une saison toute l'œuvre de ce maître, ni de vous donner une complète analyse des ouvrages qui passeront sous vos yeux. Ma prétention est toute autre : elle se borne à vous rendre compte de l'ascendant exercé par Châteaubriand sur les lettres de notre pays jusqu'à l'heure où cet empire dut lui échapper pour passer à de plus jeunes et plus puissants continuateurs. C'est vous annoncer que je conduirai notre auteur, j'allais presque dire notre héros (car il y a de l'héroïsme chez tout novateur), jusqu'au seuil de la Restauration, sans me risquer à franchir cette limite.

Châteaubriand fut le grand initiateur de ce temps, rôle glorieux que l'on méconnaît ou que l'on oublie trop souvent, et que j'ai l'ambition de replacer dans toute son évidence et dans tout son éclat. Telle est la donnée d'un cours dont je vais vous esquisser le programme et vous énoncer d'avance les principaux développements (1).

I

J'aurai d'abord à cœur de vous démontrer l'urgence, j'oserais même dire la fatalité d'une révolution littéraire au commencement du xix° siècle, comme conséquence et corollaire de la révolution politique dont est née la France moderne. Cette révolution, aussi inévitable que son aînée, Châteaubriand ne l'a pas faite à lui seul, mais il l'a entreprise et pour ainsi dire lancée dans la voie, comme le char aux roues brûlantes dans la carrière d'Olympie. Fils du passé par sa naissance, écrivain du xviii° siècle par son éducation, nous voyons Châteaubriand partager avec Mirabeau, dans un autre ordre d'idées, la grandeur de créer en lui l'homme nouveau, et par lui la vie nouvelle. S'il n'acheva pas dans notre lit-

---

(1) Dans la brièveté obligatoire d'un discours d'ouverture, le professeur n'a pu faire la part des grands critiques contemporains qui se sont occupés de Châteaubriand ; il se réserve, dans la série de ses leçons, d'attribuer à leur témoignage l'importance qui lui est due.

térature la transformation commencée, s'il faiblit, se lassa, dut s'arrêter à moitié chemin, ce fut, comme son devancier, par ce qu'il conserva de l'éducation première et des habitudes de son esprit ; je ne songe pas d'ailleurs à plus dissimuler les lacunes et les insuffisances de son génie que je ne veux reléguer dans l'ombre les défauts qui l'ont entaché. Mais aucune des critiques auxquelles Châteaubriand peut donner matière n'empêcheront qu'il n'ait pris à notre époque l'initiative la plus hardie et la plus féconde. Certes il a fait preuve d'un bien rare courage, ce pauvre émigré, perdu dans les brumes de Londres, qui vint rompre avec la routine pseudo-classique du xviii° siècle à son déclin, et, par son franc retour à l'antiquité et au xvii° siècle comme par ses innovations de style et de coloris, créer toute une littérature émancipée du présent, mais profondément enracinée dans le passé, dans la tradition nationale, et largement ouverte dans toutes les directions de l'avenir.

Quel était ce novateur, ce libérateur la veille obscur ? C'est la première question à laquelle nous devions répondre. Je vous ferai d'abord assister au phénomène d'une vocation au génie pour ainsi dire servie et conduite par les circonstances même en apparence les plus hostiles. Nous verrons un chétif enfant d'une famille aux origines illustres, mais appauvrie et amoindrie dans l'éloignement de la cour, un enfant marqué pour la vie honorable mais modeste des gentilshommes de province, naître dans les conditions les plus propres à refouler l'ambition mondaine, mais en même temps à susciter le génie poétique. Nous le verrons, ce François-René, croître et se former dans le milieu le plus sauvage, mais le plus inspirateur, en pleine Bretagne, devant la poésie puissante et profonde d'un ciel souvent triste et d'une mer fréquemment désolée. La rêverie chez lui si fertile ne devait-elle pas s'éveiller à la faveur d'une enfance solitaire, où la contemplation du paysage et la promenade déjà méditative occupaient la plus grande part? L'isolement à peu près absolu dans lequel vivait François-René était fait pour développer par une concentration salutaire cette faculté non-seulement de rêver, mais de voir et de réfléchir, qui constitue le poète. Au contraire, la vie trop active des familles de la ville eût assurément fait échec et peut-être apporté d'insurmontables obstacles à la vocation de Châteaubriand. Il faut beaucoup de loisirs, beaucoup de silence pour devenir et surtout pour rester poète : cette facilité de s'abstraire et de se posséder pendant de longues années d'enfance et d'adolescence fut, n'en doutez pas, l'occasion première du génie de Châteaubriand.

Tout devait du reste conspirer à l'éclosion de ce génie, la plus étonnante des crises historiques et le moins commun des voyages, la Révolution française subie et l'Amérique visitée. En Amérique, la nature, première conseillère, première inspiratrice du futur poète, se montrait à lui grandie et comme transfigurée, et achevait sur son esprit son œuvre d'initiation. Cet éveil que la nature avait provoqué, le malheur le hâta. Rappelé d'Amérique par les nouvelles de France, croyant de bonne foi, comme tant d'autres gentilshommes, que l'émigration et l'attitude expectante à l'étranger pouvaient servir les intérêts de la royauté, obéissant du reste à sa conscience, ce qui est toujours respectable, le jeune Breton venait chercher spontanément l'exil, la ruine, la misère. Heureux choix pour la postérité! Châteaubriand n'avait pas assez souffert pour exprimer la souffrance, ce qui allait être le grand besoin du siècle. La destinée qu'il avait acceptée lui fit éprouver en peu d'années toutes les amertumes et toutes les angoisses; elle soumit sa vocation poétique au rude et salutaire noviciat du malheur.

Nous accompagnerons Châteaubriand en Allemagne et en Angleterre, partout où devait utilement souffrir le volontaire proscrit. D'ailleurs son impatience de poésie longuement comprimée ne faisait que s'accroître dans ces épreuves : ses rêves le suivaient à toutes les étapes de son chemin pénible et surtout ceux qui devaient adopter des noms impérissables et prendre des formes immortelles. Dans les savanes du Nouveau-Monde, il avait, sous les traits d'obscurs sauvages et d'Indiennes naïves, pressenti son Atala, deviné son Chactas. En sa courte campagne de l'armée de Condé, soldat de l'honneur et de la fidélité, combattant hélas! contre la patrie, il charmait ses rares loisirs par la lecture d'Homère et voyait déjà se dessiner l'apparition d'un Eudore exilé des

« paysages éclatants de la Grèce sous un ciel sans lumière qui semble vous écraser de sa voûte abaissée. »

En Angleterre, nous retrouverons Châteaubriand indigent et malade. A ses premières tristesses vint s'ajouter de plus en plus la tristesse réelle et pénétrante de l'exil, comparable à ces pluies fines et monotones qui semblent percer jusqu'à l'âme. Il apprit par une dure expérience à chanter l'une des plus grandes douleurs de son siècle, l'une de celles qui furent le plus profondément senties par l'élite de ses contemporains. Nul ne l'a mieux comprise, mieux dépeinte que Châteaubriand dans ses œuvres où il a comme dispersé tout un poème de l'exil.

Seul, pauvre et triste, Châteaubriand n'eut d'autre refuge que le travail acharné.

Son génie se chercha dans deux volumineux ouvrages, l'*Essai sur les Révolutions* et les *Natchez*. Il ne devait se trouver que dans *Atala*. L'on a trop souvent accoutumé de juger Châteaubriand d'après les *Natchez*, livre déclamatoire qui, je ne sais pourquoi, est mis d'abord dans les mains des jeunes gens ; car les *Natchez* ne sont bons à lire que pour des lettrés cherchant à démêler les premiers tâtonnements d'un génie qui s'essaie. Toute autre personne moins préparée peut céder à la tentation de confondre l'auteur inexpérimenté des *Natchez* avec le poète de *René* et des *Martyrs*, de plus en plus maître de sa pensée et de son style. Or c'est dans les *Natchez*, œuvre de début, que se rencontrent toutes les périphrases bizarres, toutes les métaphores étranges et quelque peu ridicules sur la foi desquelles trop de gens se sont habitués à condamner Châteaubriand sans pousser plus loin leur enquête. La plus simple équité réclame contre cette confusion : autant vaudrait estimer les grands poètes de tous les temps à la mesure de leurs débuts : Virgile par le Ciris, Horace par l'Epode contre Canidie, Corneille par Mélite, Racine par Alexandre. Il n'y a que Molière qui puisse supporter cette confrontation des débuts avec les chefs-d'œuvre de la maturité : quoique bien inférieur à ce qu'il deviendra, l'auteur étincelant de l'*Etourdi*, des *Précieuses*, de l'*Ecole des Maris*, est déjà le grand maître du rire et le dominateur du style comique. Comme la déesse dont parle Virgile, il s'est révélé en faisant ses premiers pas.

II

Après cette vue jetée sur l'exil de Châteaubriand, après ce regard porté sur ses premiers essais, je compte mettre sous vos yeux, à titre de renseignements indispensables, deux tableaux d'ensemble dont l'un comprendra la situation des lettres en France au moment où Châteaubriand éclata plutôt qu'il ne parut, l'autre l'état des âmes dans notre pays, et par là j'entends l'état moral, aussi bien qu'intellectuel, état singulièrement propice à une rénovation de la littérature.

A parler franc, la situation des lettres n'était pas aussi désespérée qu'ont bien voulu le prétendre les disciples de Châteaubriand, surtout Lamartine, dans son discours de réception à l'Académie ; car tous les novateurs sont forcément injustes envers leurs devanciers : le talent ne manquait pas alors en France dans presque tous les genres de prose et même en poésie. Mais le talent ne suffit pas aux exigences du public, surtout au lendemain d'une des plus grandes commotions de l'histoire. Quoi ! tout avait été remué, secoué, bouleversé, et seule la littérature semblait être restée en place, immobile comme le dieu Terme !

Il est loin de ma pensée de déprimer les écrivains distingués de la période directoriale ou consulaire. Dans mon juste souci d'être équitable envers toutes les écoles dignes de ce nom, je me plais à rendre hommage, selon l'exacte mesure, au talent des prosateurs et des poètes qui continuaient le dix-huitième siècle en 1801. Malgré ma foi dans la nécessité d'une transformation au moment où surgit Châteaubriand, je sais apprécier à sa stricte valeur la prose si nette, si pure, si limpide des Garat, des Suard, des Morellet, des Ginguené, des Cabanis, des Destutt de Tracy : mais cette même prose était insuffisante pour rendre tout un flux de pensées nouvelles, d'images pressenties, de sentiments éclos au fond des cœurs que tous ces disciples de la tradition voltairienne, aussi vieillie pour l'heure que toutes les autres traditions, étaient incapables de concevoir, à plus forte raison de traduire. De là le crédit légitime de tous ces prosateurs diserts parmi les lettrés d'Athénée et leur manque d'action sur un public même d'élite, mais dès lors vaguement indifférent à tout ce qui ne portait pas le caractère de nouveauté vivante, au lendemain de la plus prodigieuse des nouveautés, qui s'appelait Quatre-vingt-neuf.

Il n'entre pas non plus dans mes intentions de dénier leur part de talent poétique aux plus renommés des écrivains en vers de cette époque, pas plus à Ducis qu'à Parny, à Delille qu'à Lebrun, à Fontanes qu'à Joseph Chénier et à Népomucène Lemercier. Je reconnais volontiers que dans quelques odes brèves et gracieuses Fontanes a surpris la docte nonchalance d'Horace, et Parny dans quelques élégies l'aimable mollesse de Tibulle ; je ne conteste pas à Ducis, d'ailleurs barbare écrivain, une sensibilité fervente, un don réel d'ardeur et d'émotion ; je ne refuse pas à votre compatriote Delille une prestesse, une ingéniosité qui depuis Callimaque et Ovide ont toujours compté parmi les insignes appréciables du poète d'ordre secondaire. Je crois même qu'en vertu des réactions inévitables mais excessives contre toute gloire usurpée on n'accorde plus assez aux qualités que Delille a déployées : esprit toujours en éveil, mouvement d'imagination, recherche souvent heureuse d'assouplissement dans le rhythme, de perfectionnement dans la prosodie, inquiétude et parfois pressentiment de ce secret des vers beaux par eux-mêmes, dans leur structure et dans leur musique, secret qui depuis Racine avait été perdu dans notre langue et qui restait alors enfoui dans les portefeuilles d'un poète d'une toute autre race, d'un poète divin qui s'appelait André Chénier. Je ne veux point ignorer qu'Ecouchard-Lebrun a jeté des vers éclatants à travers des pages souvent illisibles et même fixé des strophes dignes de mémoire. Je me garderai d'omettre les solides mérites de Joseph Chénier qui n'était pas encore l'auteur du *Tibère*, mais qui avait construit deux monuments de forte poésie, le *Discours sur la calomnie* et le poème républicain de la *Promenade*. Je me reprocherais surtout de laisser dans l'ombre les rapides illuminations de génie qui courent sur les *Quatre métamorphoses* et l'*Agamemnon* de Lemercier.

Je dirai même mieux, tous ces hommes de talent étaient des poètes dans la signification sérieuse mais restreinte de ce mot. Aucun n'était le poète, c'est-à-dire l'interprète des rêves, le confident des loisirs, l'ami des âmes. Car aucun ne chantait des chants nouveaux, aucun ne venait exprimer l'intime renouvellement des cœurs, aussi bien les prosateurs estimables dont nous avons parlé que tous les poètes asservis aux anciennes formes d'ode ou d'élégie, enchaînés à la tragédie, inféodés au poème didactique, et qui tous pensaient, composaient, rimaient comme en 1788. Entre les générations nouvelles et la prose ou la versification représentée par Garat et Delille, Suard et Lebrun, la Révolution française avait passé comme un fleuve, et Suard et Lebrun, Garat et Delille étaient restés sur l'autre rivage.

Ce que représentaient tous ces écrivains, c'était l'ancien régime en littérature ; ce que l'on attendait impatiemment, c'était la révolution poétique qui, faute de pouvoir encore se formuler en vers, s'exprima dans la prose essentiellement lyrique de Châteaubriand. Il fut le poète réclamé par le siècle à son aurore, homme de génie capable de ressentir et d'exprimer des maux et des aspirations que la philosophie de Condillac et le cours de littérature de La Harpe n'avaient pas même soupçonnés.

Telle, avec des documents à l'appui, j'établirai devant vous la situation des lettres : plus difficile à définir, l'état des âmes ne sera pas moins digne de notre attention, n'étant pas moins propre à expliquer le succès de Châteaubriand et à éclaircir la légitimité de ce succès.

III

Cet état des âmes qui n'était pas spécial à la France, qu'avait connu déjà l'Allemagne de Schiller et de Gœthe et qu'allait connaître l'Angleterre de Byron, je le caractériserai par ces mots : regret confus du passé, ennui du présent, anxieuse et vague impatience de l'avenir.

Le regret confus du passé, même en dehors des attaches ou des récriminations de parti, s'expliquerait chez beaucoup d'esprits par l'ébranlement qui devait suivre une telle révolution. Beaucoup ne pouvaient voir encore que les ruines accumulées : bien peu savaient alors distinguer les fondations d'un édifice nouveau. L'esprit humain n'était pas remis de l'écroulement d'une société tout entière, que la fatigue d'un régime de guerre à outrance allait le saisir et l'étreindre. Aux uns le passé mal connu représentait les habitudes d'une monarchie traditionnelle ; pour les autres il signifiait les espérances déçues d'une ère libératrice. Pour ces deux sortes de mécontents qui se recrutaient dans l'élite, l'âge d'or dont s'éprennent les poètes, l'âge d'or restait toujours en arrière.

Le présent, sauf pour ceux qui se trouvaient ravis par la glorieuse activité des batailles et dont nous n'admirerons jamais assez l'héroïsme dans les triomphes et surtout dans les revers, ne pouvait que suggérer un insupportable ennui. Qu'était-ce pour toutes les âmes délicates, élevées, ambitieuses de grandeur morale, capables d'idéal, que le relâchement de la fin du Directoire ou plus tard la tension belliqueuse de l'Empire? Oui, l'ennui pesait lourdement sur tous ces êtres qui rêvaient autre chose pour la patrie que la sanglante monotonie des exterminations sans trêve. Aussi, dans cette analyse de l'âme humaine à cette époque, analyse où nous insisterons plus à loisir, je pourrais multiplier les témoignages de cet ennui léthargique, dépositions fournies par tous ceux qui sont nés à la vie de la pensée sous le Consulat ou l'Empire; par Villemain, par Stendhal, par Vigny comme par Michelet, par Nodier comme par Jacquemont.

Elles ont été bien lourdes ces années, malgré les superbes éclairs dont les sillonnait le vol de la victoire, bien pesantes pour ceux qui jugeaient que la destinée d'un peuple ne réside pas dans l'exclusive préoccupation des conquêtes. L'invincible ennui du présent fut donc un élément essentiel de l'état mental de notre société, au moment où la poésie de Châteaubriand vint répondre à ce vœu de l'âme française qui demandait à ne pas être étouffée.

Vient ensuite cette anxieuse et vague impatience de l'avenir, que je vous ai tant de fois signalée dans les poésies de Schiller. Rêver un avenir meilleur à travers des perspectives illusoires d'abord, ensuite plus distinctes, ce fut en France, comme dans les autres pays, le tourment du dix-neuvième siècle à son début; à mesure que ce rêve plus précis s'est uni à la pensée d'améliorer le sort des hommes, cette impatience de l'avenir, qui fut le tourment de notre époque, en est devenue l'honneur et la vertu.

Ramené de la sorte à ces trois termes, vivifié par des détails que je ne puis vous donner aujourd'hui, l'état des âmes, aussi bien que la situation littéraire, appelait une révolution en poésie, et pour promoteur de cette révolution, le seul homme qui fût préparé à tenir ce rôle, François-René de Châteaubriand. Ce fut donc dans *Atala* que vint se révéler la poésie attendue. *Atala* n'était pas seulement un chef-d'œuvre d'émotion et d'éloquence, mais comme le manifeste de cette rénovation en littérature dont nous avons fait sentir la nécessité.

Atala, René, le Génie du Christianisme, successivement étudiés, nous offriront les trois phases d'un même développement d'idées morales et de réformes littéraires.

Nous verrons d'abord dans le premier de ces ouvrages l'*originalité* et comme en quelque sorte le *moi* de l'auteur s'accuser plus fortement que jamais il ne l'avait fait dans notre littérature, en dehors du genre épistolaire et des mémoires. C'est une grande innovation acquise et qui a introduit dans notre poésie toute une veine inconnue et bien abondante : le roman contemporain, la poésie intime en découlent.

Mais c'est à Châteaubriand que la source remonte, ne l'oublions pas. Son génie impérieux et fort voudra intervenir dans ses pensées et nous livrer ses confidences à travers les aveux de Chactas, d'Eudore, de René. La poésie personnelle qui s'attestera par tant d'œuvres vivaces est instituée chez nous par *Atala* et par *René*. Qu'était-ce, d'ailleurs, que cette poésie personnelle accueillie avec tant d'éclat par le public, sinon l'expression souveraine des sentiments de tous chez un être privilégié, sinon le *moi* de tout le monde incarné dans un type supérieur ?

Que trouvons-nous aussi comme caractère dominant dans *Atala*, dans *René ?* La mise en œuvre d'un sentiment alors très-répandu, très-sincère, mais qui n'avait jamais eu tant de prise sur les âmes, le sentiment de la mélancolie ; puis dans Atala et dans René encore, ensuite dans le *Génie du Christianisme* une égale extension d'un sentiment plus familier au genre humain, mais jusque-là très-rarement exprimé dans notre littérature française ; je veux parler du sentiment de la nature. Enfin nous découvrirons dans le *Genie du Christianisme*, dans les *Martyrs*, un franc retour au génie de l'antiquité, une intelligence toute nouvelle de la poésie chrétienne, du moyen âge, de l'art gothique et de l'histoire nationale, et dans le premier de ces deux ouvrages toute une abondance d'idées critiques et esthétiques, presque inconnues à nos concitoyens.

La mélancolie était fréquente et comme naturelle chez les contemporains de Châteaubriand. Il obtint la grâce d'exprimer admirablement pour la France ce que Gœthe et Schiller avaient supérieurement exprimé pour l'Allemagne, ce que Byron va traduire pour l'Angleterre. C'est une concordance que mes études de littérature étrangère me permettront d'établir en temps et lieu. Je ne craindrai pas de confronter René avec Werther et de leur appareiller Manfred et Lara. Je n'hésiterai pas non plus à remettre sous vos regards ce cortége français de Chactas, l'Obermann de Sénancour, l'Adolphe de Benjamin Constant, le Joseph Delorme et l'Amaury de Sainte-Beuve.

Avant d'analyser ces âmes mélancoliques et orageuses d'une Atala, d'un Chactas, d'une Amélie, d'un René, d'une Velléda, d'un Eudore, je vous rappellerai les origines de la mélancolie que nous avons distinguée de la tristesse, et que, bien que plus rare, nous saurons discerner dans toutes les grandes littératures. Nous irons la chercher dans la Bible et nous la conduirons jusqu'à la fin du xviiie siècle en traversant les Lettres de Sénèque, et, le croirait-on, les Sermons du ferme et vigoureux Bossuet.

Au commencement du siècle, dans l'état moral que nous avons indiqué, la mélancolie fut dominante. Elle trouva son expression complète et profonde dans l'œuvre de Châteaubriand qui fut à la fois l'interprète et le consolateur de ce fugitif et douloureux attendrissement des âmes. Sans doute il est de mode aujourd'hui de déprimer, de railler même cette mélancolie du siècle en ses débuts. A Dieu ne plaise que je la défende à l'excès, que je la prône à outrance. Pour ma part, je suis, du moins je crois vous l'avoir fait entendre, je suis, en vertu de mes prédilections personnelles comme de ma doctrine morale, partisan de l'action et de l'enthousiasme, zélateur de l'harmonie grecque, de l'énergie stoïque, de la joie et de la vie renouvelées avec la Renaissance ; par instinct comme par habitude d'esprit adversaire de toutes les tendances à la rêverie excessive, à la tristesse irréfléchie, à la souffrance mystique. Cependant, élève d'une époque de critique, je me dois à moi-même et je dois à ceux qui viennent m'entendre de savoir comprendre et admirer ce qui demeure le plus antipathique à mes propres affinités, le plus contraire à la tradition de mes préférences. Je n'hésite donc pas à comprendre et à admirer dans les âmes de nos pères et dans l'œuvre de leur poète Châteaubriand cette mélancolie exclusive et tyrannique.

Vous m'objecterez le péril de cette souveraineté d'un sentiment maladif, le danger signalé par Shakspeare de la réflexion indécise venant à toute heure « décolorer l'action, » les atteintes à la santé de l'intelligence, à la bonne humeur de l'esprit si visibles dans les excès ultérieurs du romantisme, la rupture de l'harmonie entre les facultés, l'éclipse fatale de la belle sérénité qui est la qualité divine de l'art et de la vie, les piéges du doute et du découragement recélés sous les fleurs captieuses du rêve. Ces périls, ce danger, ces atteintes, ces éclipses, ces piéges, je les reconnais autant que vous, autant que vous je les dénoncerai dans l'œuvre de Châteaubriand : cependant je ne puis m'empêcher de proclamer cette mélancolie de nos pères légitime à son heure, et d'en glorifier le règne éphémère dans les œuvres durables qu'elle a produites.

Rassurons-nous d'ailleurs : car vous savez aussi bien que moi que le présent n'appartient plus à cette mélancolie arbitraire. Mais ne nous y trompons pas : sa dictature ne fut pas sans honneur pour nos pères ; elle ne suscitait à coup sûr ni des âmes mauvaises, ni, ce qui est pire, des âmes médiocres. Pauvre puissance déchue ! comme on lui a fait la guerre et avec quelles armes ! Encore si on l'avait combattue au nom de la mâle énergie, de l'activité sacrée, mais ce fut la plupart du temps en invoquant des intérêts mesquins, en suscitant contre elle de basses défiances. Que de faux esprit et de sot badinage on a dépensé contre ce qu'on appelait la « race de René. » On lui en voulait, non pas en vertu des justes réserves de la raison et des droits de l'action contre le rêve énervant, mais au nom de toutes les rancunes de l'esprit prosaïque et sectateur de la fausse utilité. On l'a dispersée avec dédain, cette race de René, cette race infortunée et superbe ! Mais par quoi l'a-t-on souvent remplacée ? La mélancolie de Chactas et d'Obermann faisait l'homme grand mais faible. On l'a décrétée, condamnée, proscrite, non parce qu'elle le laissait faible, mais parce qu'elle le faisait grand. Ce n'était pas l'excès ou l'égarement de l'héroïsme qu'ont incriminé tous ces moralistes pratiques : c'était l'héroïsme même que sous toutes les formes ils veulent éliminer du monde. Car pour les esprits moqueurs et les âmes vulgaires l'héroïsme, la générosité, la grandeur sont comme des défis qu'on leur inflige et comme des offenses personnelles.

IV

Châteaubriand n'a pas moins innové par une intelligence élargie et une conception agrandie de la nature. L'homme et la nature, intimement unis dans l'art de la Grèce, dans l'épopée de Dante, et dans le drame de Shakspeare, et dans l'ode de Ronsard, avaient été séparés, il faut bien l'avouer, séparés violemment par la littérature du XVIIe siècle. Réserves faites pour La Fontaine, au milieu de ce siècle d'ailleurs si riche et si grand, aucun poète, aucun prosateur ne témoigne le sentiment des beautés visibles de l'univers, des monts où des traces divines et primitives semblent encore imprimées, des flots qui suggèrent une image de l'infini, des bois d'où Tacite rapportait l'impression d'un secret et la sensation d'un mystère, des cieux qui, selon la parole du psalmiste, racontent la gloire de Dieu. Psychologique, oratoire, démonstrative, la littérature du xviie siècle et du xviiie aussi, par son esprit cartésien puis voltairien comme par sa mission de propagande qui fut identique malgré les tendances les plus opposées, avait autre chose à faire qu'à s'occuper de la nature : elle l'avait donc résolûment exclue.

Néanmoins une lacune existait dans l'art et dans le génie français, lacune qu'à tel ou tel moment il fallait combler. Rousseau, Bernardin surtout surent reconquérir ce sentiment de la nature et l'exprimer, le premier avec émotion et vivacité, le second avec un charme souvent ineffable. Cependant l'interprétation, la description de la nature à la manière antique restait tout entière à ressaisir. Ce fut Châteaubriand qui reprit cette tradition au point où les Grecs et Virgile l'avaient laissée. Ce fut lui qui, le premier, proscrivit de son vocabulaire les épithètes vagues et banales, osa tout voir, tout exprimer. Les monts cessèrent d'être uniquement « sourcilleux, » les ruisseaux « limpides » et les vallons « riants. » L'épithète redevint comme dans Homère une marque caractéristique destinée à fixer les nuances, à distinguer les objets, à faire comprendre qu'un bois vu à midi n'offre pas les mêmes aspects qu'à une autre heure du jour, et qu'une rivière peut avoir son caractère physique, (les anciens disaient plus hardiment des *mœurs, mores*) aussi bien qu'un héros de tragédie a son âme inexpugnable. En effet, le spectacle des champs et de la mer n'est qu'une succession de scènes changeantes soumis à des lois immuables où les incidents même les plus fugitifs méritent d'être fixés par l'expression précise et fidèle. Cette exactitude d'observation, cette équivalence d'expression, Châteaubriand le premier sut en réalité les transporter dans notre langue et notre littérature. A ce don de décrire symétriquement qu'il avait enfin repris aux Grecs, ce même Châteaubriand a joint également pour la première fois en France le secret virgilien « d'animer et de passionner la nature, » selon la belle expression de Fénelon.

Au milieu de descriptions admirables nous le verrons, comme le faisaient les grands Anciens et Shakspeare, mêler la nature à l'action, la faire vivre et presque sentir, lui donner dans le poème le rôle que réellement elle occupe dans notre être, car il y a bien des correspondances et des harmonies entre le paysage et la pensée, entre le climat et la réflexion, entre le temps et l'esprit, entre la nature et le cœur. Ainsi, nous verrons Châteaubriand faire prévaloir chez nous ce principe de l'association continuelle de la nature avec l'homme. A partir de lui la grande nature triomphe dans notre poésie : elle domine les œuvres les plus lyriques du siècle, depuis les romans de Georges Sand jusqu'aux fantaisies descriptives de

Michelet, depuis le *Lac* de Lamartine jusqu'au *Satyre* de Victor Hugo, depuis la **Mort du Chêne** de Laprade jusqu'au *Centaure* de Maurice de Guérin ; elle plane sur les monuments du génie contemporain comme la Cybèle de Bérécynthe appelant sur son sein maternel tous les poètes et tous les hommes à leur suite, tels qu'autant d'enfants charmés par la splendeur de ses merveilles, guéris et consolés par la fraîcheur de ses enchantements.

V

Le *Génie du Christianisme* nous présentera la troisième nouveauté capitale due à l'initiative de Châteaubriand, la création de la critique en France. Mais, avant d'arriver à ce point important, nous rendrons hommage à l'éternelle pensée de justice qui se dégage de cette œuvre, en dehors même de tout intérêt d'actualité, de tout esprit de polémique. Non pas que j'aie l'intention de faire valoir le *Génie du Christianisme* comme apologie : sur ce point nous devons nous déclarer incompétent et nous laissons à toutes les communions religieuses le soin et la convenance d'apprécier leurs défenseurs. Nous écarterons donc avec une discrétion résolue toute la partie théologique de cet ouvrage, car dans les controverses dogmatiques qui partagent l'humanité, le devoir de l'Enseignement Supérieur est de demeurer neutre : la science, l'art, la morale, restent ses domaines exclusifs. Cependant je ne saurais, au nom de l'équité comme en me plaçant au point de vue esthétique, me dispenser d'applaudir à l'introduction du sentiment chrétien dans notre littérature nationale. Le christianisme avait, à coup sûr, droit de cité dans la poésie française, mais jusqu'à Châteaubriand l'on ne s'en apercevait guère. A part le poème d'Agrippa d'Aubigné et certains morceaux de du Bartas, à part le *Saint-Genest* de Rotrou, le *Polyeucte* et l'*Imitation* de Corneille, le seizième et le dix-septième siècle avaient passé à côté du christianisme sans lui demander toutes les ressources poétiques qu'il tenait en réserve. Dans sa passion de lutteur, le dix-huitième siècle déniait tout au christianisme, même la poésie; car la poésie c'est le prestige et l'empire sur les âmes. Et le christianisme, méconnu même comme inspiration par les survivants de l'école voltairienne, avait pourtant, sans parler de pages éparses chez nous au moyen âge, suscité chez les autres peuples un grand nombre de belles œuvres, le lyrisme des *Minnesinger*, le poème du *Saint-Graal*, la *Divine Comédie* de Dante, les « chapitres » de Pétrarque, les sonnets de Michel-Ange, le théâtre de Calderon, le poème biblique de Milton, l'évangélique épopée de Klopstock. La France seule restait étrangère à l'un des grands modes d'inspiration poétique officiellement rejeté par deux mauvais vers de Boileau :

> De la foi d'un chrétien les mystères terribles
> D'ornements égayés ne sont pas susceptibles.

Tel était ce préjugé exclusivement français, issu d'un système que Châteaubriand attaqua vaillamment et renversa par l'autorité du *Génie du Christianisme* et des *Martyrs*. Toujours par l'initiative et la volonté de Châteaubriand, la beauté poétique du christianisme et sa puissance inspiratrice, complètement ignorées par nos aïeux, se sont imposées à tous les écrivains illustres de notre âge. De 1820 à nos jours, parmi les œuvres qui en portent témoignage, je n'en citerai que deux qui tiennent les extrémités de la chaîne, les *Méditations* de Lamartine, nostalgique appel d'une âme anxieuse de croyances, la *Légende des siècles* de Victor Hugo qui repose tout entière sur des idées chrétiennes, médiation du surnaturel, intervention de la Providence, pleine adhésion à l'espoir du salut par le repentir. Qu'il partage ou non ces idées, tout homme de bonne foi, épris de la poésie et ami de la justice, doit saluer l'introduction du sentiment chrétien dans notre littérature comme une conquête et un agrandissement et en reporter l'honneur à l'homme de toutes les initiatives, à l'inventeur Châteaubriand.

On peut lui attribuer encore un service non moins grand que ces innovations poétiques, c'est-à-dire la création de la critique contemporaine. Il la créa en restituant le sentiment de l'antiquité, en intronisant le sens du moyen âge et de l'histoire nationale, en secondant le goût des littératures étrangères, enfin en découvrant une méthode de critique qui depuis lui n'a fait que se développer. Avant la partie purement littéraire du *Génie du Christianisme*, l'intelligence du passé n'existait pas dans la critique française. L'on ne distinguait point ce que nous appellerions l'originalité des époques, l'on ne comprenait pas la corrélation de telle ou telle forme de l'art avec la passion de tel ou tel moment de l'humanité, la coïncidence des révolutions d'idées avec les révolutions littéraires. On appliquait à toutes les œuvres du passé un code uniforme, étroit et insuffisant.

Châteaubriand acquit une connaissance du passé peu profonde encore, mais très-étendue pour cette époque. Ce fut surtout à la triple antiquité biblique, grecque et latine que s'appliqua son zèle studieux. Il reprit l'antiquité biblique, à la suite de Milton et de Klopstock, et sut y montrer une des plus grandes sources de poésie, une source toujours jaillissante, toujours ouverte aux chercheurs d'inspiration comme l'amphore de Rébecca à la soif d'un éternel Eliézer. L'antiquité latine était alors bien connue, bien estimée : mais l'antiquité grecque semblait couverte d'un voile. Personne au xviie siècle ne l'avait vue distinctement, sauf Fénelon ; personne au xviiie, sauf André Chénier : Boileau, Racine sentaient la force et la simplicité de l'épopée et de la tragédie grecque : la couleur antique leur avait complètement échappé. Quant à Voltaire et à ses contemporains, ils n'avaient fait qu'ignorer et conspuer la beauté des œuvres helléniques. Ce fut avec Châteaubriand, avec les pages du *Génie du Christianisme* consacrées à Homère et à Sophocle, avec ses épisodes des *Martyrs* que l'antiquité grecque ressuscita. Depuis on l'a montrée dans sa pleine lumière, mais qui le premier a fait tomber le voile qui la cachait ? Châteaubriand, toujours Châteaubriand.

Qu'à Châteaubriand revienne aussi l'honneur d'avoir introduit en France la curiosité de la poésie du moyen âge, le sens de l'architecture gothique qu'avant lui tous, croyants ou incrédules, se piquaient de mépriser. C'est ainsi qu'à la France insoucieuse il a rendu l'œuvre de ses pères, lui restituant ses héros épiques, les chevaliers, son épopée de pierre, les cathédrales, rétablissant et dans son intelligence et dans son amour ce passé du moyen âge que nos préférences pour le présent ne doivent jamais nous faire oublier ni méconnaître, ce passé qui eut ses grandeurs et qui doit nous être cher pour nous avoir portés dans ses flancs douloureux : car nous sommes les héritiers de ses efforts et les fils de ses souffrances.

C'est encore Châteaubriand qui a provoqué le goût et la compréhension de notre histoire nationale. N'oublions pas l'hommage que lui ont rendu tous les illustres historiens de ce temps. Tous lui ont reconnu le mérite d'avoir le premier fait reparaître dans leur vie féodale ou gallo-franque nos aïeux des temps mérovingiens, carlovingiens, capétiens, là où l'on ne présentait que l'uniformité des âges civilisés ; l'un d'eux, et non le moins grand, Augustin Thierry, attribuait même aux *Martyrs* l'éveil de sa vocation historique et l'intelligence du passé suscitée dans sa conscince d'adolescent.

Nous verrons Châteaubriand apporter et garder bien des préjugés dans l'examen des littératures étrangères : en cette partie de son œuvre il laisse l'avantage à madame de Staël. Il n'en est pas moins le plus ingénieux appréciateur du Tasse et le plus clairvoyant commentateur de Milton.

Enfin, et plus tard nous insisterons sur ce point, la méthode de critique élargie par nos contemporains, depuis Villemain jusqu'à Taine, est encore due à Châteaubriand. Elle a pour devise : « Comprendre et toujours comprendre. » Elle se résume dans cette formule : « Abandonner la petite et facile critique des défauts pour la grande et féconde critique des beautés. » C'est à partir de Châteaubriand, avec ses belles études du *Génie du Christianisme*, que le critique nous est apparu sous sa forme actuelle singulièrement agrandie. Ce n'est plus le faux Quintilien, tel que La Harpe ou Geoffroy, peseur de mots et de diphthongues, pointilleux inquisiteur de la syntaxe, gardien jaloux de la poétique de Batteux et de la tragédie de Campistron. C'est un explorateur au service des intelligences. En effet, Châteaubriand nous a enseigné, par son propre exemple, un genre nouveau, actuellement adopté dans l'Europe entière, tout de comparaison et de généralisation, qui rapproche les idées, groupe les faits, vise aux lois et pour cela déplace sans cesse ses points de vue. Ainsi le critique moderne est, depuis lui et grâce à lui, le voyageur toujours en route qui fait participer ses concitoyens, non pas seulement aux richesses de tous les âges classiques, mais au trésor du passé tout entier. Ne l'oublions pas, c'est Châteaubriand qui le premier a fait du critique le médiateur intellectuel de toutes les nations.

Cet homme étonnant et admirable a tellement innové, tellement créé dans notre littérature du xixe siècle, qu'une sorte d'écrits alors des plus subalternes n'a pas échappé à la prise de possession de son génie. Je veux parler du récit des voyages dont il a fait un genre littéraire pour la première fois. Aux anciennes narrations si peu colorées, si peu distinctes, Châteaubriand vint substituer un mode de récit où la nature est sans cesse observée, même dans ses moindres incidents, où la physionomie du paysage est reproduite avec un soin jaloux, le génie local des peuples, sans cesse interprété par l'art de voir et de décrire, l'impression même des climats rendue par la fidélité pittoresque du langage. Ici encore l'initiative de Châteaubriand a servi de point de départ à toute une littérature depuis florissante. Je veux en terminant vous montrer en ce genre, et par un exemple qui vous touche de près, toute sa puissance de vision, toute sa magie d'expression, dans cette entreprise de relever le touriste à la hauteur du poète. Il s'agit de votre Clermont où Châteaubriand avait passé cinq jours (1).

. . . .
. . . .
. . . .

(1) *Voyages,* p. 325.

Vous le voyez, même dans un genre inférieur, Châteaubriand introduit la nouveauté et la vie. Quel spectacle nous offrira, dans le détail et dans la suite de mon cours, ce génie toujours en exploration! Ce sera l'intérêt peut-être et surtout la pensée dominante de mes leçons de vous le montrer en avant sur presque tous les chemins de l'imagination et de la pensée; de vous le faire voir à l'entrée de ce siècle le premier en marche, dépassé sans doute le plus souvent, presque jamais devancé, de vous faire aimer en lui l'auteur des plus hautes initiatives, le précurseur immortel, le génie père des génies, le grand aïeul!

Clermont, typ. Mont-Louis.

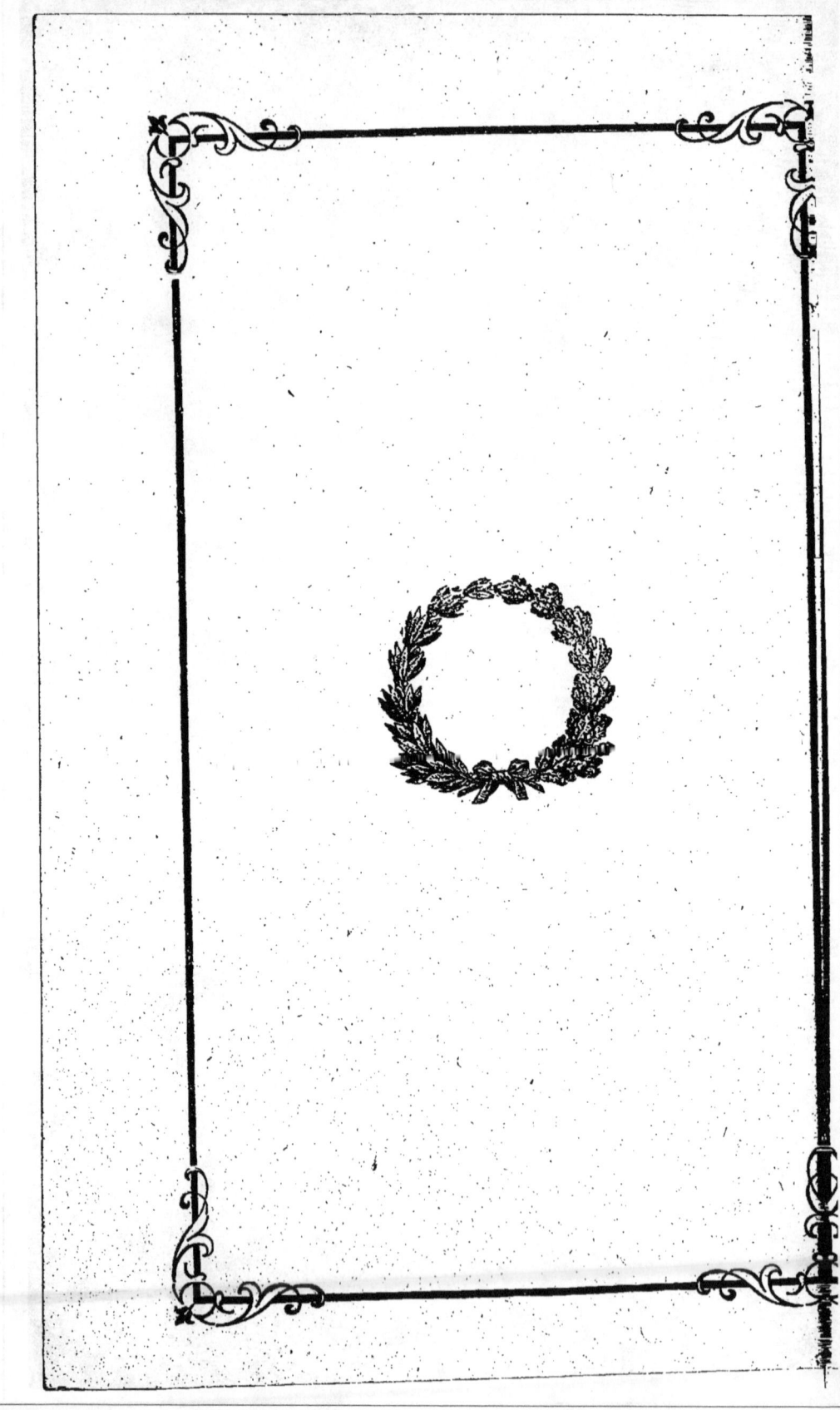

www.ingramcontent.com/pod-product-compliance
Lightning Source LLC
Chambersburg PA
CBHW060500050426
42451CB00009B/747